非凡成长系列

安妮·弗兰克
密室战士

非凡成长系列

安妮·弗兰克
密室战士

［英］凯特·斯科特　著

［德］安可·瑞嘉　绘

苏艳飞　译

安妮·弗兰克

安妮·弗兰克是一个普普通通的犹太女孩，
但有着异于常人的写作天赋。
在她短暂的一生中，在她遭受纳粹迫害等艰难困苦之时，
她都乐观面对，表现得十分勇敢、坚强。

1

  在第二次世界大战（简称"二战"）中，这个叫安妮的小女孩不得不藏起来，躲避纳粹迫害。纳粹想要灭绝犹太人，而安妮就是一名犹太人。

  安妮在一栋建筑的小密室中躲了两年多。就是在这两年多的躲藏中，**安妮**坚持写日记，记录日常所发生的一切。正是这本日记让安妮名扬四海。这本日记，后来成了 20 世纪最受欢迎的书之一。

小贴士

  纳粹：德国法西斯政党，前身为 1919 年成立的德意志工人党，"纳粹"是其德语缩写的音译。1921 年希特勒成为党魁，首先将矛头指向犹太人，屠杀犹太人，实行对外侵略扩张，将全世界引向战争和灾难。

　　安妮在纳粹集中营里去世时年仅十五岁。不过，她在日记中的精彩记录，让世人记住了她的名字，也记住了她的笑貌。

二战爆发后的第三年，**安妮**和家人开始了东躲西藏的日子。只有为数不多的几个人知道他们的秘密生活。帮助他们躲藏的人冒着生命危险照顾他们的饮食起居并保守秘密，这样的日子持续了两年多。

　　1944年8月4日这天，有人向纳粹告密，随后安妮和小密室里的人被纳粹和便衣警察逮捕，后来他们被送去了不同的集中营。

在小密室中躲藏的八个人，仅有安妮的爸爸奥托·弗兰克幸存下来。

　　奥托·弗兰克后来发现了安妮的日记，为安妮的写作才能感到震惊。他将部分日记给亲朋好友看。他们一致认为安妮的日记非常特别，值得出版以作纪念，他们很快便说服奥托将日记交给出版商出版了。

　　奥托·弗兰克倾其余生不遗余力地推广女儿的日记，以让人们能了解那场可怕的战争。奥托能在有生之年看到**安妮**的名字被世界上那么多人铭记，备感欣慰。

安妮的日记记录了二战期间犹太人的悲惨遭遇。不过，从日记中常常可以看出安妮的勇敢无畏、风趣幽默、善于思考。

安妮平时是一个活泼外向、能说会道的女孩，周围的人们喜欢称她为"话匣子"，不过在日记中，她却展示了自己性格的另外一面。

安妮把日记当朋友，向它倾诉自己内心深处的想法。

安妮的日记是一份至关重要的历史文献。它向我们展示了二战期间犹太人的悲惨生活。他们缺衣少食，遭到抢劫、遭受迫害就像是家常便饭。安妮虽然看起来只是一个普普通通的女孩，但她擅长用睿智的话语讲述生动的故事，是一个有才华的作者。

尽管**安妮**已离开人世多年，但似乎又跃然纸上，活灵活现地出现在我们眼前。她充满活力、光芒四射，吸引着我们迫不及待地去了解她的苦乐人生。

让我们一同走进
安妮的世界，了解她
的苦乐人生吧。

安妮出生了

1929 年 6 月 12 日,安妮·弗兰克生于德国西部美因河畔法兰克福市。她的姐姐名叫玛格特。安妮一家是犹太人,他们的家族已在法兰克福居住上百年了。

小贴士

法兰克福:德国第五大城市,重要的工商业、金融和交通中心。法兰克福大学是国际顶尖的名校。

1933 年，**安妮**三岁时，希特勒上台，犹太人的悲惨命运从此开始。希特勒上台仅一个多月，就下令禁止同犹太人做生意。随后一系列反犹太人的法令和行动接踵而至。

纳粹与犹太人

　　纳粹党认为德国人是优等人，犹太人是劣等人。随着希特勒的权力日益膨胀，犹太人的处境变得岌岌可危。二战结束时，在德国以及纳粹军队所到之处，有600余万犹太人遭到迫害。

安妮·弗兰克的爸爸妈妈意识到他们可能会陷入险境，决定举家迁往荷兰首都阿姆斯特丹。

阿姆斯特丹

荷

布鲁塞尔

比利时

法国

兰

德国

科隆

火车票 火车票

护照

法兰克福

卢森堡

曼海姆

17

第二次世界大战

六年后，1939 年 9 月 1 日，德国纳粹军队**侵略**并迅速占领波兰。9 月 3 日，英国和法国向德国宣战。二战的参战双方通常被人们称为反法西斯同盟国与法西斯轴心国。

小贴士

侵略：一个国家用武力占领另一个国家

你知道吗？

二战波及世界很多国家。反法西斯同盟国包括美国、苏联、英国、法国、中国等，法西斯轴心国包括德国、日本、意大利等。随着战事升级，越来越多国家支持同盟国，最终反法西斯同盟国获胜。

第二次世界大战

从 1939 年 9 月 1 日全面爆发，

到 1945 年 5 月 8 日德国投降，

最终于 1945 年 9 月 2 日彻底结束。

二战结束时，有 600 多万犹太人

被杀害，这就是纳粹针对犹太人的

"种族大屠杀"

在阿姆斯特丹的生活

1934 年年初，安妮全家搬到了荷兰首都阿姆斯特丹。在阿姆斯特丹的头几年里，一切还算风平浪静，一家人守在这片小天地里其乐融融。安妮的爸爸再次做起了生意，她的妈妈伊迪斯则在家操持家务、相夫教子。安妮和姐姐玛格特在当地学校上学。她们在学校里都交到了新朋友。

你知道吗?

安妮养了一只猫名叫"魔杰"。安妮放学后，魔杰大老远就跑去迎接她，蹭蹭她的腿以示欢迎。

　　在阿姆斯特丹，安妮和姐姐开始学习荷兰语，她们不仅要会说，还要会写。**安妮**全家搬到阿姆斯特丹时，她只有四岁，所以她很快就学会了荷兰语。

安妮和朋友们喜欢打乒乓球。每次打完乒乓球，她们都会骑着自行车去买冰激凌吃。打完乒乓球全身发热出汗，而冰冰凉的冰激凌就是完美的消热佳品。

你知道吗?

安妮同另外四个女孩组成了一个乒乓球俱乐部，取名为"小北斗五星"。

　　安妮十三岁生日那天，收到了各种各样的生日礼物，有一束鲜花、一件衬衫、一本书、几张购书券，还有一本日记本。

　　在她的第一则日记中，安妮称这本日记本是"我最好的礼物之一"。安妮那时不知道的是，她的这本日记将成为 20 世纪最重要的书之一。

安妮日记的前几页讲了她在阿姆斯特丹的生活以及她的朋友们。安妮把她的日记本当作朋友。在开始写日记不久后，她还给日记本取了一个好听的名字——凯蒂。自此，每次安妮写日记都会以"亲爱的凯蒂"开头。

你知道吗？

　　日记本的名字"凯蒂"源自一本书中的人名，书中的主角乔普有一位朋友名叫凯蒂。这本书是安妮喜欢的一位作家写的，这位作家名叫希希·马斯维尔特。

"我希望我能

向你倾诉，

我之前从未

向任何人倾诉过。

我希望你能给我

慰藉和支持。"

安妮日记的开篇就写到了她的朋友们。有些朋友是她非常钦佩的，有些则是她一点儿也不喜欢的！

"罗伯·科恩之前喜欢我，

但我再也忍受不了他了。

他这个人让人讨厌，

虚伪、谎话连篇、爱哭鼻子，

还自视甚高。"

由于日记不会让别人看到，所以安妮想到什么写什么，不用担心因出言不逊而冒犯他人。

　　安妮的爸爸妈妈曾希望全家搬到阿姆斯特丹后能化险为夷，免遭希特勒和纳粹的迫害。但是在 1940 年，希特勒的军队入侵荷兰，不久荷兰军队投降，德国纳粹占领荷兰。

安妮的爸爸妈妈曾尝试计划离开荷兰，举家搬到美国，但是犹太人的处境很快就变得举步维艰，所以只能计划在本地找个地方躲藏起来。他们的计划滴水不漏，甚至安妮和姐姐玛格特都不知道。

　　安妮的日记让我们能更深入地了解希特勒军队占领荷兰后，犹太人在阿姆斯特丹的悲惨生活。

"希特勒下令所有犹太人
必须佩戴黄色的星星（黄星），
上缴自行车，
禁止乘坐电车，
禁止坐汽车，
即使是自家的车也不行，
购物时间仅限于
下午3点到5点……
禁止犹太人晚上8点到
第二天早上6点上街，
禁止犹太人进行一切
娱乐活动，如看电影、
看话剧等。"

安妮的学校生活

同现在的青少年一样，安妮和她的朋友们也担心各种考试。班上许多同学甚至打赌，看是否能通过考试。

安妮虽然冰雪聪明，不过不常拿第一。她在日记中写道：我的爸爸妈妈同其他家长不一样，我的爸爸妈妈从不在乎我的考试成绩。

"只要我健康快乐，

而不是

毫无教养，

浑浑噩噩，

他们就心满意足了。"

安妮喜欢在课堂上讲话，这让她的数学老师基辛先生感到非常懊恼。于是基辛先生想出了这样一个办法想治治她——罚安妮写一篇题为《话匣子》的作文。但是，这似乎并没有让安妮有所收敛，基辛先生又罚她写一篇作文。这次，安妮把作文标题改成了《话痨小姐"嘎嘎嘎"》。

"我写了一首诗。

这首诗讲了一只鸭妈妈和

一只天鹅爸爸养育了三只鸭宝宝，

鸭宝宝成天'嘎嘎嘎'叫个不停，

天鹅爸爸一气之下，

把鸭宝宝咬死了。

天鹅爸爸非常后悔。

幸运的是，基辛老师

立刻就理解了这个笑话的内涵……

从此，我可以在课堂上讲话，

但不用受罚，

不用再做额外的作业了。"

一切都变了

1942 年 7 月 5 日，**安妮**的姐姐玛格特收到纳粹政府的征召通告，让她到一个劳改营去报到。在这个时候收到征召通告，犹太人都清楚这意味着什么——玛格特必定凶多吉少。

34

劳改营

　　纳粹把许多犹太人带到劳改营,强迫他们做苦工。在劳改营里,缺粮少水,卫生条件恶劣,人们往往不是饿死,就是病死。不过,相比之下,劳改营还算是好的,更惨绝人寰的是纳粹集中营。在集中营里,等待他们的只有死亡。

一段时间以来，安妮的爸爸**奥托**和妈妈**伊迪斯**都在为躲藏做准备。尽管他们的准备工作还未完成，但他们知道所剩时日不多了，他们必须尽快安排家人藏到安全的地方去。

很快，**安妮**一家就躲进了小密室。他们不敢携带很多东西，害怕被人发现，向纳粹告密。最后一次离开家的时候，全家人里三层外三层地穿了很多件衣服，想尽量多带些随身物品，但衣服口袋都太小，不得不把许多东西留在家里。

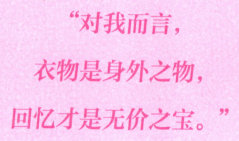

"对我而言，

衣物是身外之物，

回忆才是无价之宝。"

秘密小屋

　　作为藏身之地的小密室隐藏在安妮的爸爸**奥托 · 弗兰克**的办公楼里。这栋办公楼由仓库、储藏室以及办公室构成。办公楼后面最高层是阁楼，里面有几间隐秘的房间，也就是安妮他们躲藏的小密室。从外面看，这里同其他建筑没有差别，没人会怀疑他们躲在那里。只要安妮一家安安静静地待着，做事谨慎小心，就应该能平安地活着。

安妮一家搬进小密室后，立即就在小密室门前安装了一个可移动书架。这个书架按弧线转动，可以像开门那样推开书架。这个设计别出心裁，能够帮助小密室中的人安全躲藏起来。没有人能看到小密室的门，也就没有人会问门通往何处。

　　小密室里藏了八个人。他们分别是：安妮一家——爸爸奥托、妈妈伊迪斯、姐姐玛格特和安妮，范·佩尔斯一家——赫尔曼·范·佩尔斯、奥古斯特·范·佩尔斯、彼得·范·佩尔斯（安妮在日记里使用化名"范·达恩"来称呼范·佩尔斯一家），还有弗里茨·普菲尔（日记里的化名是"杜塞尔医生"）。在我们这本书中，小密室里的人都用安妮日记里使用的化名。

你知道吗？

　　同其他青少年一样，安妮也喜欢电影明星。她的爸爸给她买了一套电影明星的明信片和海报。安妮将海报贴到墙上。这样，小密室看起来更像一个温馨的家。那些海报现在还贴在墙上。

小密室布局

　　他们八个人不得不共用卧室，密室里只有一个卫生间，一个洗衣桶成了他们的"浴缸"。

二楼

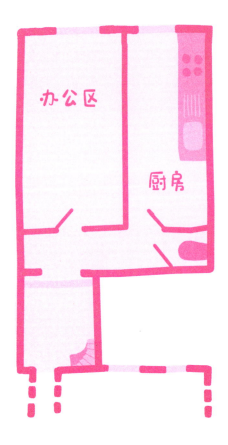

办公区

厨房

三楼

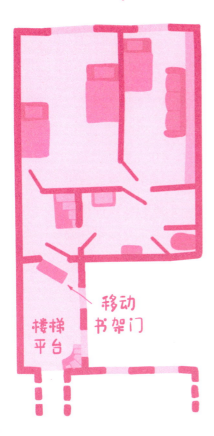

移动
书架门

楼梯
平台

四楼

折叠床

梳妆台

屋顶

安妮与杜塞尔住一个房间，姐姐玛格特和爸爸妈妈共用一个房间，而范·达恩一家则睡在厨房里。

躲藏的日子

有时候，等到办公楼里的工作人员下班后，安妮和其他人才可以到小密室楼下的办公室里听一会儿收音机里的新闻，但他们必须得格外小心，以免被人发现。后来，由于仓库和办公室被盗了几次，他们再也不敢冒险离开小密室，只能安安静静地待在楼上。

在他们躲藏的这两年多里，没有人出去过。唯一能呼吸新鲜空气的时候就是夜深人静的时候。当街上空无一人时，他们才敢打开窗户，呼吸呼吸新鲜空气。白天，他们必须得把窗帘拉上，不让邻居或是路人发现。拉上窗帘，整个小密室漆黑一片、密不透风，尤其在夏天，如同蒸笼一般。

食物补给

刚开始，他们的食物还算充足。奥托、伊迪斯和范·达恩在躲进小密室之前准备了很多食物，所以不愁吃喝。他们也存了很多钱，以便能在黑市买到更多食物。在那个时期，食物是按量配发的，所以想要更多食物，只能去黑市购买。

小贴士

黑市：未经政府批准而非法形成、买卖不许上市的商品或是以高价秘密进行买卖的市场。

不过，随着时间流逝，他们的食物越来越少，并且想要买到食物已非常困难。储存的食物有些已吃光，黑市上的价格也在一路攀升。

小贴士

定量配给：在战争时期，为确保人人都能得到一定量的食物，政府给每个人配发一定量的票券，如粮票、肉票等，这样人们就可以拿着票券去购买定量的食物，如肉、奶酪等。这种方式旨在确保有足够的食物配发。有时候，人们为了买到更多东西，就会去黑市购买。那时候不只食物是定量配给的，衣服等其他物品也是定量配给的。

当然，即便是**黑市**也会出现物尽粮绝的时候，所以有些食物是买不到的。这也就意味着小密室里的人们不得不连续吃同样的食物。尽管这样的日子很苦，安妮还是想方设法以风趣幽默的方式记录下了这一切。

"有很长一段时间，

我们只能吃菊苣——

菊苣沙拉、菊苣汤、

菊苣拌土豆泥、

菊苣炖土豆泥……

我们想尽法子变着花样做饭。"

小贴士

菊苣：一种常用来做沙拉的蔬菜。

连续吃同样的食物并不是什么大问题。安妮和小密室的其他人还必须得吃难以下咽的腐烂食物。

"我一定要告诉你我们吃过的
'美味'面团。
我们用政府配发的面粉、
水、酵母做了面团。
面团不是黏糊糊的就是硬邦邦的，
根本嚼不烂，
吃下去就好像石头在胃里狂欢。
不过，还好吧，
总还是有食物可吃嘛！"

和睦相处 VS 吵吵闹闹

　　八个人挤在这狭小的空间，既不能出去，也不能随意走动，难免会发生矛盾、争吵，安妮在日记中记下了他们的日常纷争。

　　在一次激烈争吵后，小密室的氛围一度剑拔弩张。吃饭的时候，大家刻意保持鸦雀无声，避免冲突和争吵再次发生。

安妮是小密室里年龄最小的一个，她常常觉得自己受到的批评最多。她直言不讳，敢于说出自己的想法，这也经常给她招来更多的麻烦。

　　安妮在日记中展示了自己多样的性格：思维缜密、能说会道、风趣幽默。她还是个勇敢的女孩，决心当生活变得更艰难困苦时，也要开心面对。

"每一天都有
新鲜、有趣、好玩
的事发生！
我为什么要绝望呢？"

热爱大自然

安妮在日记中写道，在藏进小密室之前，她并没有过多关注过大自然，没有珍惜过大自然。而如今，日日夜夜都被困于小密室，她才想起大自然的美，她才欣赏起偶尔瞥见的室外景致，她才认识到大自然曾给她带来的幸福与快乐。

安妮向往大自然的一切：万里碧空、云卷云舒、莺歌燕舞、花繁叶茂、月朗风清……现在，每当夜深人静，有机会开窗呼吸新鲜空气之时，目之所及的一切风景和所感受到的微风拂面，安妮都视如珍宝。

在密室中学习

　　白天，小密室楼下的仓库和办公室里，工人们进进出出，忙得热火朝天，而楼上小密室中躲藏的人们必须保持鸦雀无声。

你知道吗？

　　白天楼下的人们工作的时候，他们必须得保持安静，他们只能在某个固定的时间才能冲厕所。安妮在日记中写道：八个人共用厕所，还不能随时冲洗，你能想象那是什么味道吗？臭气熏天！

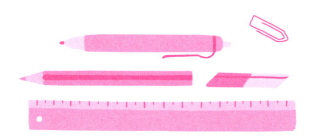

一天中大多数时候得保持绝对安静不是件容易的事情。小密室里的人们在单调乏味的生活中不得不培养自己的爱好，而且这些爱好还必须是不能发出声响的。八个人都喜欢学习，有一段时间，他们都参加了函授教育。小密室外仅有几个人知道他们的秘密，他们不顾生命危险帮助安妮和躲在密室的其他人。函授课程资料会邮寄给其中一位帮助他们的人。

物理

数学

文学

教学
练习册

荷
卡词典

小贴士
函授课程：以通信的方式开展教学的教育。学生以自学函授教材为主，包括自学教材、完成作业与老师通信答疑等。

玛格特学了好几门课程，包括英语、法语、拉丁语、德国文学、统计学、地理、历史、生物。

　　和姐姐一样，安妮也学了好几门课程，包括速记、几何、历史、美术史和代数。不过，她不太喜欢代数。

　　小密室里的每个人都是书迷。帮助他们的人每周会从图书馆带来一些新书，所有人都迫不及待等着送书日的到来。

帮手

　　藏在小密室里的每个人都迫不及待地想知道战争发展的情况。而他们只有通过为他们送食物和其他补给的人才能得知荷兰以及全世界的战事近况。

梅普·吉斯

约翰内斯·克莱曼

贝普·弗斯库伊尔

约翰内斯·弗斯库伊尔

帮助他们的人有：约翰内斯·克莱曼、维克多·库格勒、梅普·吉斯、贝普·弗斯库伊尔、贝普的爸爸约翰内斯·弗斯库伊尔、简·吉斯。这些人都曾同安妮的爸爸奥托·弗兰克一起工作过，了解弗兰克的为人，知道他是好人。他们听说身边犹太人的悲惨遭遇后，感到毛骨悚然，决定尽自己所能帮助他们的犹太人朋友逃过此劫。这样做也就意味着这些帮手是冒着生命危险的，他们承受着巨大压力，面临着许多未知的艰难险阻，而且有几位帮手身体状况本来就不好。他们所面临的压力也是史无前例的，他们优先照顾这八人的饮食起居，而把自己家人放在第二位。安妮非常清楚爸爸的这些朋友所做出的牺牲，所以她经常在日记里表达自己无法当面表达的感激之情。

维克多·库格勒

简·吉斯

凡是发现有人帮助犹太人，纳粹就会逮捕他们，有时甚至残杀他们。尽管如此，还是有许多人冒着生命危险帮助战争中的犹太人。他们认识到反对希特勒是非常重要的。

　　要守住如此大的秘密，还要将食物补给安全带去小密室，这简直难如登天，不过他们还是成功坚持了两年多。如果没有这些帮手，这八人早就被纳粹发现了。

安妮和小密室里的室友们偶尔能收听收音机，有时电台会传来好消息，有时会传来坏消息。他们八人迫切地想知道何时能传来希特勒和他的军队战败的消息。一旦听到希特勒战败的消息，也就意味着他们自由了。

如果希特勒战败，如果他们能获得自由，他们每个人都有自己的打算。安妮的梦想是重返校园，这样她就又能结交新朋友，过上正常的少女生活。

小密室里的猫

　　安妮藏身的这栋办公楼里有两只猫，有了这两只猫的陪伴，安妮就不那么牵挂魔杰了。他们一家逃难时，不得不把魔杰留在家里。

　　他们给这两只猫取了名字，一只叫木木，一只叫波波。安妮和彼得喜欢和猫一起玩耍。可是，木木和波波也给他们带来了一些麻烦，比如，跳蚤横行！

"毫无疑问，

任何事物都有两面性，

养猫也是如此。

小密室里跳蚤泛滥……

每个人都惶恐不安。"

　　一天，木木在小密室的阁楼玩耍，没有去专门为它准备的猫砂盆里尿尿，而是尿在了地板上。木木的尿透过地板缝隙，哗哗地漏到了楼下的房间里。

"这一幕太搞笑了，

我笑得前仰后合。"

虽然藏在小密室里的日子很苦，不过也并不意味着日子总是凄惨不堪。虽然八个人相处偶尔会有争吵，不过大家还是会找乐子，自娱自乐。有一次，彼得搬了几袋沉重的豆子到阁楼上去，突然有一袋豆子裂开了。安妮在日记中用了"豆子冰雹"一词来形容豆子散落时这可笑又可怕的一幕。

你知道吗？
安妮非常喜欢玩换装游戏，她和彼得经常穿上其他人的衣服扮小丑，他们滑稽的装扮引得大家哈哈大笑。

"看到豆子们纷纷逃离现场，

彼得愣住了，

不过看到我在楼梯口站着，

像海洋中的孤岛，

豆子波浪不断拍打着我的脚踝，

他大笑不止。"

安妮在日记中记录了他们在小密室中的日子有多么艰苦，不过她也十分清楚密室之外的人们更是过着苦不堪言的生活。通过安妮的日记，我们可以看出安妮的积极乐观，在封闭的小屋里她尽可能让自己过得充实，而不是向绝望屈服。即便得知战争中传来的坏消息，她也没有灰心丧气，她相信阳光总在风雨后。安妮内心始终坚信战争终会结束，和平必将到来。

　　安妮在日记中写道，同那些未能成功躲藏的犹太人相比，她是多么幸运！被困在狭窄的小密室里，日复一日过着相同的生活，安妮有时也会觉得这样的日子简直痛不欲生，不过想到屋外那些犹太人的悲惨遭遇，她又觉得小密室如同世外桃源。

克服恐惧

　　藏在小密室里的日子，八个人不得不想办法克服各种恐惧。那时的阿姆斯特丹被德军占领，物资匮乏，人们缺衣少粮，所以入室盗窃司空见惯。小密室楼下的办公室就被盗过好几回。每当楼下的办公室发生盗窃，藏在楼上的八个人就会陷入险境，因为警察会调查现场，四下翻找，小密室很容易暴露。

最严重的一次入室盗窃发生在一个周末，警察来这里搜了好几次。**安妮**和其他几人都屏住呼吸，保持绝对安静，避免被警察发现。他们不能到楼下去上厕所，不得不尿在废纸篓里。过了两天胆战心惊的日子，所幸安妮和她的室友们没有被发现。他们暂时又安全了……

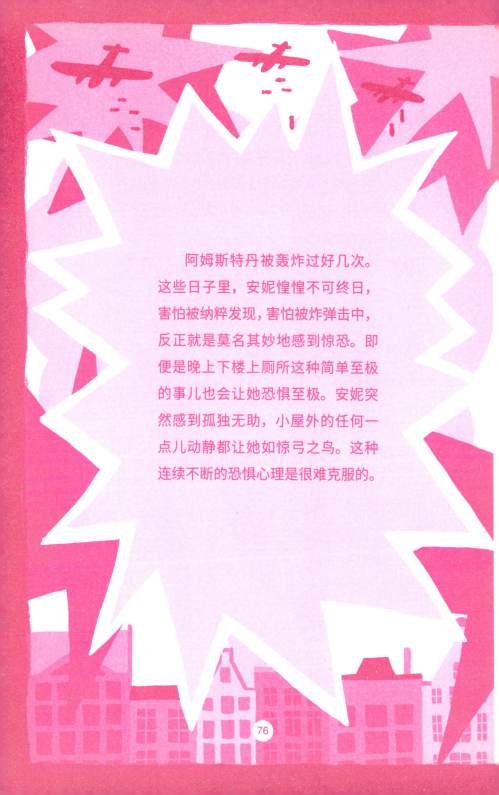

　　阿姆斯特丹被轰炸过好几次。
这些日子里，安妮惶惶不可终日，
害怕被纳粹发现，害怕被炸弹击中，
反正就是莫名其妙地感到惊恐。即
便是晚上下楼上厕所这种简单至极
的事儿也会让她恐惧至极。安妮突
然感到孤独无助，小屋外的任何一
点儿动静都让她如惊弓之鸟。这种
连续不断的恐惧心理是很难克服的。

76

安妮想了一个有趣的办法来克服枪声带来的恐惧心理。

一听到枪声，安妮就会在楼梯间不断爬上爬下。

她在日记中写道，上下楼梯的声音和摔倒时的疼痛会让她暂时忘掉恐惧。

小密室里的所有人都过得胆战心惊。安妮发现写日记能缓解她紧张的情绪，能帮助她对付各种让她感到恐惧、焦虑的噪音，如炸弹声，还能帮助她克服因入室盗窃等突发事件而担心被发现的恐惧。

"我写日记的时候能

忘掉所有烦恼忧愁。

我不再担惊受怕，

怨天尤人，

那个充满活力的我

又回来了！

安妮藏进小密室之时才十三岁。在躲躲藏藏的这两年多中，安妮有了很大的变化。

1942.09.25

1944.08.05

1944 年 3 月 28 日，安妮在听收音机时，听到一个广播电台呼吁人们收集德国占领荷兰后的一切文字记录，包括日记。听到这个消息后，**安妮**决定整理她的日记，希望战争结束后能有机会出版。从听到这个消息到离开小密室，安妮对之前写的日记进行了修改优化，同时她也在继续坚持写日记。在短短 76 天时间里，她成功写了将近 200 页的文字。

小贴士

广播电台：可以在收音机上收听到各种节目的平台。

"我最大的愿望是

成为一名记者，

然后，

成为一名知名作家。"

你知道吗？

除了日记，安妮也会写其他体裁的文章。在秘密小屋里，她还写了很多短篇小说，摘抄了不少美文美句。

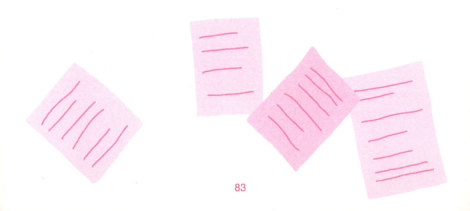

秘密泄露

1944 年初夏，外界传来的消息为安妮及小密室里的其他人带来一线曙光。同盟国在同轴心国的战斗中捷报频传，战争结束指日可待。1944 年 6 月 6 日，同盟国顺利登陆法国诺曼底，同盟国眼看胜利在望了。安妮在日记中写道：盟军在诺曼底登陆的消息给了我们新的勇气，让我们对未来有了更加美好的憧憬。安妮甚至幻想很快就能重返校园，过上正常生活。

小贴士

诺曼底登陆：第二次世界大战的转折点，是二战中盟军在欧洲西线战场发起的一场大规模攻势，近 300 万盟军渡过英吉利海峡登陆法国诺曼底。这是目前为止世界上最大规模的海上登陆作战。

　　尽管战争已接近尾声，幸运之神却不再眷
顾小密室里的人。8 月 4 日一大早，纳粹和便
衣警察出现了，径直冲向了小密室。原来，有
人向纳粹告了密！不过究竟是谁告的密，这成
了一个谜，至今未明。

小密室里的人被捕了，先是被关进了监狱，后来又被送去了不同的集中营。

随后，安妮、姐姐玛格特、妈妈伊迪斯被送到了波兰的奥斯威辛集中营。

小贴士
奥斯威辛集中营：纳粹德国在波兰南方的一个小城奥斯威辛建立的集中营，距波兰首都华沙300多千米，素有"死亡工厂"之称，有数百万人在此被迫害致死，其中绝大部分是犹太人。

最初，三人被关在奥斯威辛集中营的同一区域，在里面干苦力。即便饿得营养不良，即便干得精疲力竭，她们仍得继续干搬石头、挖草皮等诸如此类的体力活。

1944年10月，安妮两姐妹被送往德国的贝尔根·贝尔森集中营。妈妈伊迪斯不知道她的两个女儿被带去了哪里。1945年1月，安妮的妈妈在疾病和痛苦的折磨中，永远离开了人世。

小贴士

贝尔根·贝尔森集中营：1943年7月建立，部分为战俘营，部分为犹太人转运营。有3.7万余人死于此营。

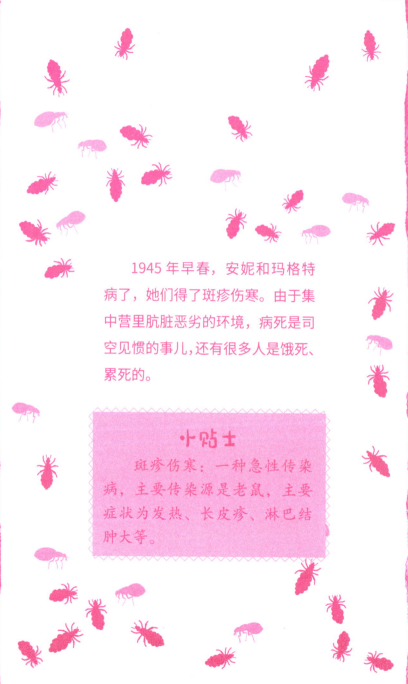

　　1945 年早春，安妮和玛格特病了，她们得了斑疹伤寒。由于集中营里肮脏恶劣的环境，病死是司空见惯的事儿，还有很多人是饿死、累死的。

小贴士

　　斑疹伤寒：一种急性传染病，主要传染源是老鼠，主要症状为发热、长皮疹、淋巴结肿大等。

88

玛格特最终死于斑疹伤寒。没过几天，安妮也因此病永远地离开了人世。她们的官方死亡日期显示是 3 月 31 日，但现在看来她们很有可能早在 2 月就已死去。

　　小密室里的人，有的是在集中营中被杀死的，有的是饿死的，有的是累死的，还有的是病死的。八个人中唯一的幸存者是安妮的父亲奥托·弗兰克。

玛格特·弗兰克
1926—1945
安妮·弗兰克
1929—1945

发现日记

奥托·弗兰克一直被关在奥斯威辛集中营，直到 1945 年 1 月 27 日，苏联红军攻克奥斯威辛集中营，他才获得自由。二战结束后，他终于回到了阔别已久的家中，随后才知道女儿都已过世的不幸消息。

奥托回到阿姆斯特丹后，之前帮助他们躲藏的一个好心人将安妮的日记还给他。纳粹逮捕小密室里的人后，这位帮手发现了安妮的日记，便悄悄保存起来，希望有一天安妮回来能物归原主。奥托认真读了安妮的日记，发现安妮原来是这么一个思想深刻、浑身散发着光芒的女孩。

　　他对**安妮**的写作才华惊讶不已。他把安妮日记的部分内容给亲朋好友看后，意识到安妮的日记是一份至关重要的历史文献。这本日记记录了二战中犹太人的悲惨生活，讲述了那些试图躲避纳粹迫害的犹太人胆战心惊的经历。这也是一份珍贵的报告，记录了一个活泼可爱的女孩在逆境中的苦乐人生。

　　一本兼具历史意义和文学价值双重属性的日记，日记内容惊心动魄、扣人心弦，必将受到人们的关注。

　　安妮日记的发现对奥托来说是一种莫大的安慰，这让他有了继续活下去的理由。他倾尽余生帮助安妮实现梦想，让她成为知名作家，传播她对人权的希望和理解。他成功了！

梦想成真

现在，**安妮**已是 20 世纪最有名的作家之一。

最开始，**奥托·弗兰克**找到了一家小型出版社，他们愿意出版安妮的日记。1947 年，《安妮日记》的第一版成功出版，很快 3000 册就售罄了。六个月后，第二个版本又上市了。起初，其他国家的出版社并不热心出版这本日记。后来，在 1952 年，任职于美国道布尔戴出版社的朱迪丝·琼斯女士发现了这本日记。有一天，她在审阅退稿文件的时候，发现了这本日记。她被这本日记深深吸引，决定出版。自此，《安妮日记》被翻译成 70 多种语言出版，销量超 2500 万册。

德语版和英语版的《安妮日记》

　　1955 年，**安妮**的日记还被改编成舞台剧。尽管奥托·弗兰克不遗余力地宣传安妮的日记，但他觉得看舞台剧太过揪心，所以没去看舞台剧的首演。

1960 年，小密室以及楼下的办公区被改建成一个博物馆——安妮之家，向公众开放。自此，成千上万游客参观游览了八人躲藏了两年多的小密室。安妮就是在这个小密室里写下了她的日记。现在去到安妮曾住过的卧室，还能看到安妮曾贴在卧室墙上的明星海报。

流芳百世

　　《安妮日记》的不同版本在世界各地出版流传。与此同时，人们还以其他方式传播安妮的日记。安妮的日记被改编成舞台剧、拍成电影和电视剧、录成广播剧，还有受她的故事启发而创作的歌曲。

　　安妮的日记一如既往地帮助一代又一代的人们了解在纳粹占领的国家中犹太人的悲惨生活。读过《安妮日记》的人都会深受鼓舞，下决心一定会努力不让二战那样的可怕事件再次发生。安妮的日记也让我们努力地去创造一个国泰民安的和平世界，让像安妮这样的孩子们能开心快乐地生活、学习，实现自己的梦想。

"我想成为对社会

有用的人，

将快乐带给所有人，

包括我从未谋面的人。

我想就算我不在

这个世界上了，

也还能够启迪世人！"

时间线

1929 年

1929 年 6 月 12 日，安妮·弗兰克生于德国西部美因河畔法兰克福市。

1933 年

纳粹头目阿道夫·希特勒上台。犹太人惨遭迫害。安妮一家决定离开德国。

1934 年

安妮一家搬到荷兰首都阿姆斯特丹。

1942 年

1942 年 7 月 5 日，安妮的姐姐玛格特收到纳粹政府的征召通告，让她到一个劳改营去报到。安妮一家、范·佩尔斯（范·达恩）一家，还有弗里茨·普菲尔（杜塞尔医生）一起躲藏起来。

1939 年

1939 年 9 月 1 日，德国入侵波兰，第二次世界大战爆发。

玛格特·弗兰克（收）
阿姆斯特丹

1940 年

希特勒军队入侵荷兰，荷兰军队投降。纳粹占领荷兰，实施一系列反犹太人政策。奥托和伊迪斯开始为躲藏做准备。

躲藏

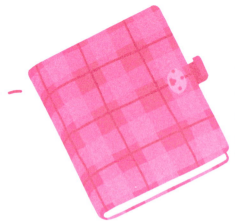

1942—1944 年

在躲藏的两年多时间里，安妮将自己的亲身经历记在日记里。

1944 年

1944 年 8 月 4 日，纳粹和便衣警察逮捕了小密室里的八个人以及两位帮助他们的人。安妮和室友被带去集中营和成千上万的犹太人关在一起。

1945 年

玛格特和安妮都染上了斑疹伤寒。没过多久，两姐妹便相继离世，死亡日期很可能是在 2 月。二人死后不久，1945 年 5 月 8 日，德国投降。

1952 年

《安妮日记》首次被
翻译成英语出版。

1947 年

奥托将安妮的日记出版。

1960 年

1960 年 5 月 3 日，
小密室以及楼下的
办公区被改建为一
个博物馆——安妮之
家，向公众开放。成
千上万人来此参观
游览，来看安妮生前
生活并写下日记的
地方。

开动脑筋

　　安妮的日记记录了德国纳粹上台后犹太人的悲惨遭遇。你能想象一下如果你不得不遵守各种禁令，你的生活会是什么样子的吗？如果突然禁止你走亲访友、禁止你同朋友玩耍，你会有什么样的感受呢？如果禁止你使用一切交通工具，只能步行，你的生活会是什么样子的呢？

　　如果突然有一天你必须得离开家，你会带上什么东西？你会带上最珍视的东西，还是带上像食物和衣服这类实用的东西？

"如果你感到忧伤，

我建议你：'走出家门，

到户外去，

呼吸新鲜空气，

感受鸟语花香，

享受大自然的馈赠。

感受身边的美，

开心快乐，重拾幸福……'"

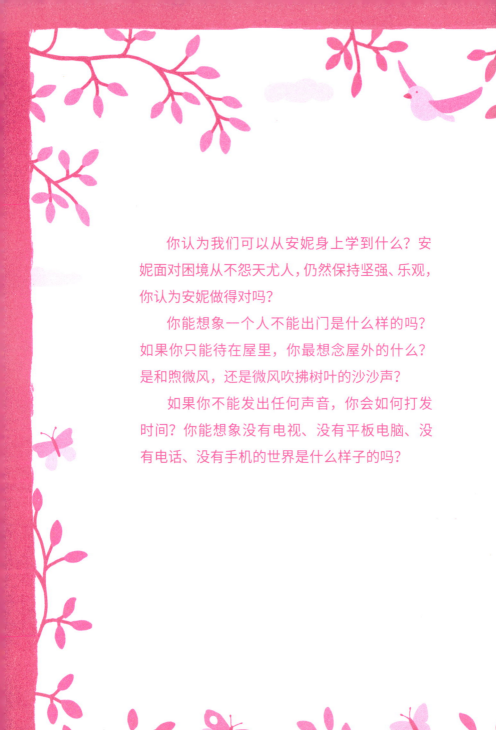

　　你认为我们可以从安妮身上学到什么？安妮面对困境从不怨天尤人，仍然保持坚强、乐观，你认为安妮做得对吗？

　　你能想象一个人不能出门是什么样的吗？如果你只能待在屋里，你最想念屋外的什么？是和煦微风，还是微风吹拂树叶的沙沙声？

　　如果你不能发出任何声音，你会如何打发时间？你能想象没有电视、没有平板电脑、没有电话、没有手机的世界是什么样子的吗？

索引

引用来源

文中引语皆来自《安妮日记》（由奥托·弗兰克和米亚姆·普莱斯勒编辑、审订的完整版，企鹅出版社，2012）

图书在版编目（CIP）数据

安妮·弗兰克：密室战士 /（英）凯特·斯科特著；（德）安可·瑞嘉绘；苏艳飞译.—成都：天地出版社，2021.7
　　（非凡成长系列）
　　ISBN 978-7-5455-6354-2

Ⅰ.①安… Ⅱ.①凯… ②安… ③苏… Ⅲ.①安妮(Anne,Frank 1929-1945)-生平事迹- 青少年读物 Ⅳ.①K835.165.6-64

中国版本图书馆CIP数据核字(2021)第070906号

著作权登记号　图进字：21-2021-193

ANNI·FULANKE: MISHI ZHANSHI

安妮·弗兰克：密室战士

出 品 人	杨 政	策划编辑	李婷婷	
总 策 划	陈 德 戴迪玲	责任编辑	奉学勤	
著 者	[英]凯特·斯科特	营销编辑	李倩雯　吴　咚	
绘 者	[德]安可·瑞嘉	美术设计	谭启平	
译 者	苏艳飞	责任印制	刘 元　葛红梅	

出版发行　天地出版社
　　　　　（成都市槐树街2号　邮政编码：610014）
　　　　　（北京市方庄芳群园3区3号　邮政编码：100078）
网　　址　http://www.tianditph.com
电子邮箱　tianditg@163.com
经　　销　新华文轩出版传媒股份有限公司

印　　刷　北京文昌阁彩色印刷有限责任公司
版　　次　2021年9月第1版
印　　次　2021年9月第1次印刷
开　　本　880mm×1230mm 1/32
印　　张　3.625
字　　数　80千字
定　　价　28.00元
书　　号　ISBN 978-7-5455-6354-2

版权所有◆违者必究

咨询电话：(028) 87734639（总编室）
购书热线：(010) 67693207（营销中心）

如有印装错误，请与本社联系调换。